RAINBOW | 120
그리움의 크기

양숙영 시집

초판 발행 2025년 5월 1일
지은이 양숙영
펴낸이 안창현 **펴낸곳** 코드미디어
북 디자인 Micky Ahn **사진** 한창호
교정 교열 민혜정
등록 2001년 3월 7일
등록번호 제 25100-2001-5호
주소 서울시 은평구 갈현로 318-1 1층
전화 02-6326-1402 **팩스** 02-388-1302
전자우편 codmedia@codmedia.com

ISBN 979-11-93355-35-0 03810

정가 12,000원

이 책의 판권은 지은이와 코드미디어에 있습니다.
잘못 만들어진 책은 교환해드립니다.

그리움의 크기

그리움의 크기 | 양숙영 시집

양숙영

詩人의 말

청명한 하늘이 아름다운 날
마음에 고요를 찾아 나서는 길

맑은 시냇물 징검다리 건너
좁다란 오솔길 따라 오르다 보면
크고 작은 나무들이 함께 숲을 이루고
드문드문 야생화도 피어
숲속 향기에 흠뻑 젖은
나를 만난다

청아한 새들의 이야기 소리
졸졸거리는 샘물의 속삭임
소소한 바람에 흔들리는 나뭇잎 소리
숲속은 이미 고요에 묻혀 있어
아가雅歌의 싹을 키우고 있었다

2025년 봄
양숙영

차례 시인의 말 · 4

1부 달빛 흐르는 풍경

달무리 _16

연꽃 _17

밤꽃 향기 _18

행운 _19

숯불 _20

햇살 가득 이 봄에 _22

갈증 _23

달빛 흐르는 풍경 _24

매화 _25

봄이 오고 있다고 _26

가을 나들이 _27

마음 그림자 _28

견딘다는 것 _29

그리움의 크기 _30

나목 _31

눈 꽃잎 _32

2부   순간과 순간

담쟁이 _36

대숲에서 _37

무상 _38

먼지 _39

별빛 하나 _40

빗물 방울 _42

순간과 순간 _44

상처 _45

오월 어느 날 _46

이 가을 홍시는 _47

이별을 위한 _48

잊은 듯 잊은 _50

흔적 _51

휘파람 소리 _52

혼불로 오른다 _54

장독대 _55

차례

3부   청보리밭에서

달팽이 _58

청보리밭에서 _59

망둥어 생각 _60

이방인 _61

길 위에 _62

가을에 온 문자 _63

된서리 내리던 날 _64

실종 _65

그리움 그린다 _66

밤바다 _67

춘란 _68

바위 _69

꽃잎 한 장 _70

이슬방울 _72

느티나무 _73

마음 _74

4부　　신발 한 짝 흘러가고

딸에게 _78

눈물 주르르 _80

신발 한 짝 흘러가고 _82

같이한 세월 _83

어머니 가신 날 _84

초겨울 길목에서 _85

아름다운 걸음걸음으로 _86

마음자리 _87

봉선화 _88

쇠똥구리 _90

꿈 _91

이산의 통곡 _92

하고 싶은 말 _93

징검다리 _94

커피 한 잔 _95

해장국 집 _96

차례

5부   돌아가는 길

살아 있다는 _100

낙조 _101

오 오라 _102

해무 _103

돌아가는 길 _104

소나무 한 그루 심고 _105

마음앓이 _106

모자이크 _107

자루 _108

새벽 여섯 시 _109

서리 _110

12월 _111

동백꽃 _112

박꽃 _113

몰랐어라 _114

고로쇠나무 _115

오래도록 마음에 품어 왔던 것들이
하나씩 스며드는 습성에 빠져들 즈음
산자락에 석양 걸리고 이제는 내 마음도
서편 작은 창문에 두툼한 커튼을 내려야겠다.

-「마음 그림자」중에서

1부

달빛 흐르는
풍경

달무리

타다 남은 모닥불
사위어 가는데
지나가는 구름인 양
소리 없이
틈새 뚫고

가슴팍에 꽂힌 가시 바늘
아린 가슴 부비며

잊으려 잊으려 애쓰지만
머언 발치에
그림자 지나는 바람
숨어서 바라보는 달무리

연꽃

동녘 여명이 비치면
물가 연잎은
이슬 받아 모으고
분홍빛 봉오리 벙글기 시작하면
깊은 진흙 뚫고 수면위에 곧게 서서
진액을 뿜어내는 향기

뿌리 비집고 구르다 깨어지는 아픔으로
줄기 끌어 올려 꽃피우는 열정
연자로 남는 아름다운 넋이야

밤꽃 향기

고갯마루 작은 초막 앞뜰에 멍석 깔고
별을 보고 누웠다
숭숭 구멍 뚫린 옆구리
옛 그리움 들락거리고
밤눈조차 어두워 분별도 못 하는데
밤꽃 향기 곁에 와 기척을 한다
막걸리 두어 잔 취기가 붉어지고
더더욱 밤꽃 향기 허리춤 꽉 잡고
놓지를 않네

높디높은 밤 별이
빙글빙글 돌아간다

행운

잔디밭 틈새에
세력을 넓혀가며 자라는 토끼풀 한 무더기
한창 꽃도 피고 잎도 파란 것이 참 예쁘다
네잎클로버는 행운을 가져다준다는데
행운을 기대해 볼 욕심에
구부리고 앉아 네 잎 찾기에 열심이다
한참 더듬거리며 찾아도 눈에 보이지 않아
행운 무슨 행운
실망인가 벌떡 일어나 가려다가
오기의 발동으로 다시 하나라도 도전
주저앉아 찾기 시작하자
이게 웬일 눈이 번쩍
한 줄기에 줄줄이 네잎클로버 세 쌍
역시 포기는 하지 말자
야호! 행운이다

숯불

막새 바람 치불던 날
발밑에 도토리알 툭툭
갈참나무 살아 낸 한 도막
아름다운 이파리 흔들며
돋음 볕 기다리던 날에
깨금발로 다가가던 어릴 적 꿈
여물기나 하려는지
휩쓸고 지나간 회억들 모두
뛰어가는 세월에 묻고
숭숭 구멍 난 가슴 별꽃 담아
빨간 열꽃 뿜어내는
부활이었다
못다 한 삶의 마지막 끈에
탐욕을 버릴 줄 알고
허세를 털어내며
하얗게 다 사그라질 때까지
온몸 불사르는 불꽃

산꼬대 넘나들어도

돌개바람 몰아쳐도
마른 잎 떨구며 버텨내던 갈참나무
오늘 이 순간만은
숯불 되어 불꽃 피우리니

햇살 가득 이 봄에

호숫가 버들개지 외투 벗는 소리
햇살 가득 목덜미를 간질이며
나뭇가지 휘돌아 꽃봉오리 터트리고
들꽃들의 옷깃을 살랑이더니
어느 사이 호수 위 은빛으로 내려앉아
눈이 부시다

이왕이면 살포시 내 가슴 속
사랑으로 다가와
마음 흔들어 주면 좋겠다
햇살 가득 받으며 봄바람에
살짝살짝 흔들리고 싶다
누구라도 함께 이 봄에

갈증

벌컥벌컥
마시는 물의 양만큼
갈증의 정도

여운을 잃어버린
동침의 갈증

반짝이는 별빛과
책상 앞에 마주 앉아
긴 밤을 지새우는 까닭입니다.

달빛 흐르는 풍경

잣나무 숲속 작은 마을 감골에
보이지 않는 샘 내를 이루고
소리 없이 흐르는 작은 시냇물
잠든 듯 잔잔한 수면 위에
달빛이 내려앉아
반짝이는 별빛으로 흐르고
인적 없는 숲속에선
소쩍새 소쩍소쩍 소쩍다
풍년 노래 기척을 하고
둥근 보름달 은은히 내 양어깨 감싸며
토닥토닥 그대 손길
숨소리조차 달빛으로 흐르는 밤
별빛이 흐르는 달빛

매화

너였구나
여러 날 기다렸던 봉오리가
향기에 흠뻑 젖어
바람개비처럼
내 가슴팍에 와 닿았구나
그 추운 겨울
삭풍을 휘감고
무너지는 억장에 부딪치며
매화 네가 찾아왔구나
그래 바로 너였구나
봄이 오고 있다는 걸
내게 전하려고

봄이 오고 있다고

가는 겨울 잔설 남아 있어
등줄기 서늘한 한기 속에
생강나무 가지 끝마다
봄이 온다고
노랗게 웃음소리 들리는데
오는 봄 인연 맞닿아
나무들 가지마다
흠뻑 사랑에 빠져 들어
시샘하는 바람 꽃잎 흔들어도
재잘대는 새들 이야기
봄이 오고 있다고

생강나무 노란 꽃물
활짝 웃음 헤프다

가을 나들이

배추밭 머리
가을볕 한 뼘
반짝이는 가을
억새꽃 위로 기웃거린다
종종걸음
가을볕 밀치고 덤벼드는 입동
아가야
우리는 조바심 내지 말고
가을볕 쪼이러 나들이 가자
다람쥐 청설모 잣송이 주우러
잣나무 숲 숨어들어도
우리는 함께 가을볕 만나러
나들이 가자

마음 그림자

오래도록 마음에 품어 왔던 것들이
하나씩 스며드는 습성에 빠져들 즈음
산자락에 석양 걸리고 이제는 내 마음도
서편 작은 창문에 두툼한 커튼을 내려야겠다.

아름다웠던 세상의 빛은
실명의 늪에서
어둡고 캄캄한 동굴 속에 갇혀서도
가까이 다가와 더욱 반짝이고
지워질 그림자 붙잡으려 애쓰는
굴곡진 빛의 씨앗은
온통 검은빛으로 씻어 내려도
두 눈에 또렷이 살아나 잔상으로 짙어지고
화석처럼, 굳어지고만
길어진 기인 마음 그림자
가만가만 밟고 가야 하는
나의 정인情人아

견딘다는 것

태풍 비바람에 휘둘려
이리저리 찢기는 나뭇가지들
겨울 삭풍에 윙윙 울음 울며
버티고 견디며 살아내는 노거수老巨樹

전전긍긍 안절부절
간당간당 하루를 살아내면서
한 달 두 달 그리고 일 년 또 일 년
버티며 견디며 살아 내는 동안
몸이 작아지는 것보다
마음 아픔이 더 커질까 두려워
마음 조여들던 날들
생각할수록 참 대견하다
이제 모두 두둥실 구름 되어
하늘 위에 띄우고
견디는 것이 살아내는 삶이라고
노거수처럼 닮아 가며
두고두고 옛이야기 하리라

그리움의 크기

어느 한적한 시골집 대문 밖
양지쪽 돌 턱에 앉아서
하루 종일 핸드폰을
쓰다듬고 있는 할아버지
죽어서도 꼭 전화하겠다던 아내의 말
전화 놓치지 말고 받으라는 말만
기억 속에 박혀있어
왜 전화 안 오느냐고
혼자 중얼거리며 종일 애태우신다
죽은 사람이 무슨 전화냐고 해도
세상 모든 일들은 기억에서 지워졌는데
막무가내 전화 오기를 기다리신다
할아버지는 언제까지 기다리실까?
할머니 그리운 마음
그 그리움의 크기가 얼마만큼 큰 것일까
하늘만큼 땅만큼 아니 아니
그보다 더 큰
할아버지 인생의 전부

나목

잡고 있던 인연 훌훌 털어 버리고
기력 없이 삭장귀 울음으로 버티고 있는가
하얀 눈 감싸안은 가지마다
진주알 같은 눈물 매달고
도무지 알 수 없는 태초의 언어를 찾아
어디까지 헤매고 다녀야 하는지
모두 다 잊었다 하여도
아직 사랑이란 말은 잊지 않아
빛의 촉이 가슴 속 화살로 박혀
무시로 저울질하며
마르지 않는 강물 되어
삭풍에 꽃눈 키워
환희에 가득한 봄날
나목이었음을 기억하리

눈 꽃잎

저 건너 숲속이 꾸무룩해 지면
바람 머무는 작은 뜰에
말없이 서 있는 어린 다복솔
솔잎 위로 날아와 앉는 하얀 눈 꽃잎들
무심히 바라보고 있노라니
왜 이리 마음 적시는 서러움이 울컥이는지
눈물처럼 흐르다 지워지고 마는
시린 상고대
행여 멀리 하늘에서 찾아와 준
반짝이는 별빛인 양
나의 맘 헤적이고 고이 잠든
하얀 눈 꽃잎들

유성으로 흘러 흘러서
혼자서 울다가 혼자 웃다가
웃다가 혼자서 외로워 울음 우는
저 작은 별빛
잊어야 하는 기억 속에서도
잠결처럼 깜빡이는
하나뿐인 사랑인 것을

- 「별빛 하나」 중에서

2부

순간과 순간

담쟁이

상큼한 이파리 향기 속
창가에 나를 찾아와 반기는
여리디여린 덩굴손
까만 밤 지새며 숨죽여 가면서
몰래 스며든 담벽 사이
어느 허공에 인연 하나 띄우려고
점점이 박힌 작은 발바닥에
고운사랑 품고 있는 씨앗 한 알

침묵이 쌓인 담벽 틈에서
호랑이 같은 포효로
끈질기게 잡아 올리는
담쟁이 덩굴손
한 번쯤 일탈을 바랐는가
잡고 있던 벽틈 밀치고
허공으로 나온 사랑
비바람도 아랑곳하지 않는
찰나의 빛으로 내게 오다니

대숲에서

댓잎 사이 거니는 소소한 바람
미풍도 아닌 것이 햇살 실어 나르고
코끝 스치는 결 고운 향기
지나간 인연 그리움인데
이를 어쩌나 구멍 난 마음
잊어라 잊어라 최면을 걸어도
텅 빈 가슴은
하늘 향해 치솟은 대나무를 닮아
까맣게 지우려니 두렵고 낯설고
그렁그렁 댓잎 끝에 이슬 같은 연민으로
눈시울 붉어지는 부끄러운
고백

무상 無常

세상을 향해 쏘아대던 빛
온통 눈부신 순간
눈빛을 어디쯤 가늠해야 할지 몰라서
구석 깊숙이 묻어놓고
잊은 듯 돌아섰으나
슬그머니 구석을 기웃거리며
웃음 흘리는 집착 하나

형편이 부딪치는 날카로운 시선에도
비밀스러운 눈빛이 오가고
환호하며 기우는 흐름이 아픈 일인데
무명 속에 마음 상한 한 영혼이
머물다 떨어지고 다시 머물고
흐르다 머물고 다시 흘러 흘러서
저 강물 끝에 가 닿았음인지

훠어이 훠어이
커다란 상처 속에서 남겨진
여운이 지워지지 않아
마음속에 쌓인 눈물
무상 無常이라

먼지

오늘도 나는 그대 만나려고
온갖 몸짓 다 했어도
아님, 만나고도 몰랐는지
앙가슴 품에 한 아름 품고
조용히 내 곁에 머물고 있다가
서로서로 끌어안고 뒹굴다가
내 눈에 보이기는 하는가
어쩌면 이 허공 속에 가득 쌓여 있어
아침이면 같이 눈 뜨고
온몸 함께 헤집고 다니다가
저녁이면 툭툭 털어 내고 잠자리에 든다는
한참을 미혹 속에 헤매다가
이제야 나의 눈에 먼지로 보이고
내가 먼지와 한통속인 것을
모였다가 흩어지는 인연 하나로
우리는 언제나 눈빛으로만
허공을 찾아가고 있다

별빛 하나

하루가 저문 하늘가
하얀 동백처럼 외톨이가 되어
어둠을 세고 있는 별빛 하나

온몸 휘감고 달려드는
먹먹한 적막감 속에
앙가슴 헤집고 쏟아져 내리는
옹이 진 그리움

하늘 끝에 소리 없이 가 닿을
간절한 기도 있어
공기의 흐름만 들리는 싸늘한 순간에도
줄기차게 까만 밤 지새는 눈빛

유성으로 흘러 흘러서
혼자서 울다가 혼자 웃다가
웃다가 혼자서 외로워 울음 우는
저 작은 별빛

잊어야 하는 기억 속에서도
잠결처럼 깜빡이는
하나뿐인 사랑인 것을

빗물 방울

한여름 장대비 발자국
빗물 방울 위에 물방울
발자국 찍고 또 찍고
한 무리가 되어 흐르는
거울 비친 모습 그대로 그림자 맺히는
둥근 원의 파문들
밖으로 밖으로 밀려나면서도
온몸으로 포옹하는 빗물 방울들
뜨거운 눈물처럼 흥건히 젖은 눈시울에
사랑이 흘러가고 있다

시야도 분별할 수 없이 억수로 퍼붓는
엉클어진 심사 뒤척이며
저며 오는 삭신 마디마디에서
폭포수 같은 요란한 소리가 났다

가거라 그대로 뒤돌아보지 말고
끝없이 흘러가더라도 두려워 말고
하나뿐인 인연 붙잡고 멀리멀리 가거라

방울방울 함께여서 행복하다면 말이다
빗물이 빗물 방울 사랑한 것처럼
사랑이라고 큰 소리로 말해라

순간과 순간
- 부처손

부처손은 기대를 잃은 지 오래였다
울퉁불퉁한 모퉁이를 헤매고 다니다가
닳아버린 무릎 껍질을 쓰다듬으며
초록빛 빗방울을 간절히 기다렸다
뭉그러진 허기에 바스러져
숨을 몰아쉬며 죽음 앞에 서 있을 때
순간 한 방울 한 방울
기막힌 짧은 순간이었다
순간과 순간이 이어지는 찰나
아스라이 멀어지고 있는 이야기처럼
하늘에서 떨어져 내리는 빗방울 하나
꿈이 아니었다
순간의 빛으로 생명의 존재를 이루는
빗물이 바위 틈새로 스며들자
부처손은 천천히 손끝을 펴기 시작했다

상처
- 폭언

몇 마디 말이었다
아프다
견디기 힘들 만큼 아니 죽을 수도 있을 만큼
무지막지한 아픔은
상처가 되고 딱지가 되어 응어리로 늪는다
얼마 동안 한참을 속으로 아파하던 딱지는
고스란히 흉터로 남아
오래도록 아픈 기억에 갇혀
불면의 밤 깊숙이 자리를 잡고
그 흉터 위로 다시 핏물이 흐른다
아파하지 말자 하고
잊어도 괜찮을 시간 속으로
최면을 걸어 보건만
시간이 갈수록 세월이 흐를수록
더 선명해지는 아픔이다

오월 어느 날

골담초 노랗게 피는 오월 어느 날
몽실몽실 새 이파리 반짝이는
연둣빛 자드락길 사부작거리며
숲속에 몸담는다
십 리 밖에서도 들릴
동박새 곤줄박이 딱새 산 까치
온갖 생명들의 웃음소리가
넓은 숲 가득 차고 넘쳐
오월 신록의 향기에 취하여
어느 한 나뭇가지 위에 올라
반짝이는 새 이파리 하나 되어
함께 영글어 가리

이 가을 홍시는

감나무 가지 끝에 가을바람 맴돌더니
요염한 홍시 하나 남겨 두고
이파리 모두 다 떨구어 내려
젖은 땅 위에 누워 뒤척이는
마지막 잎새
사는 게 사는 게 아니라며
앙상한 가지만 남아
먹먹한 가슴 한켠
흘러드는 그리움 끌어안고
곁을 떠나지 못하고 머뭇거리는
빛 고운 홍시 하나
산까치 찾아오려나
이 가을 다 스러지기 전
해마다 기다리는 이
외롭지 않게

이별을 위한

노을빛 고운 하늘 끝자락
삶이 흠뻑 젖어 물든 황혼 앞에
어느새 내가 가까이 서 있다
찔레 순 꺾어 먹던
아카시아 꽃 따 입에 넣던
추억 쌓인 언덕 위에서
말 한마디 없이도 두 마음 오가던
그런 날도 있어
아지랑이처럼 마음 설레며
이냥 저냥 쉽게도 살아진다고
품고 또 품던 작은 인연들

황혼빛 하늘 가득 채운 지금에서
많고 많은 이야기 꾹꾹 눌러
깊이깊이 묻어 버리고
이미 초점 잃은 눈빛은
거리감도 없는 허공으로 날고
그 뒤를 무작정 따라가던
내 오랜 기억들이

순간순간 까맣게 지워지는

이별을 위한 망각을

연습하고 있다

잊은 듯 잊은

어느 날 불현듯
기억 속을 뛰쳐나온
오래된 사념思念
듬성듬성 아쉬움 묻어나고
여백 속 한 자락 그림자 짓는
그대 실루엣
풍성한 가을 낟가리만큼
늘 가득 차고 철철 넘치다가도
깜빡 잊었다 문득 생각나는
서낭당 돌무덤 같은 기원이
여백 속을 채워 가는
잊은 듯 잊은
그대 내 사람아

흔적

호탕하게 웃음이 헤프던 날도
하늘이 내려앉듯 절망이 밀려온 날도
망설임이 크던 마음
모두 다 털어버린 용기를 앞세워
굽은 숲길 따라 오르고 오른다
어느 양지 녘 만날 때까지
어느 것 하나도 소용없다는
마음 하나 꽉 잡아매고
얼마쯤 따라 오르는 낯선 길
안개 피어 잘 보이지 않는 일주문 앞에
멈추어 버린 마음은
어디에 있는지 온데간데없고
그림자이듯 육신 떠난 옷자락만
그 흔적을 더듬어 찾고 있을 뿐

휘파람 소리

아침 햇살 한 줌 등에 지고
산을 넘는 휘파람 소리
고요를 깨우는 청아한
휘파람새의 상큼한 이야기들

가만가만 들리는
하늘가 맴도는 기다림의 기대
휘파람 따라 두둥실 날개를 편다

조금씩 조금씩 커져 간 조각 꿈들이
추억 속에 묻혀지는
그리움 하나 곱게 접어들고
휘파람새의 달콤한 말소리에 업혀
무작정 따라나서는

맑고 고운 휘파람새 소리에
묻어 있는 사랑 이야기
바다의 숨비소리보다 더 숨이 가빠지고
한낮 햇살 담은 반짝이는 별빛처럼

아무도 눈치채지 못해도
창가에 앉아 휘파람새 소리 기다리는
가까이 곁에 와 줄 휘파람 소리
기다리고 있다

혼불로 오른다

꽃으로 피어 날아오르는 춤사위
골 안으로 깊숙이 빨려드는 화신
한 번도 가 본 적 없고
가리라 짐작도 못 한 낯선 길 위에서
옷자락 놓칠세라 꽉 움켜잡고
한나절 통곡의 울음이
목울대를 넘으며
길다면 길고 짧다면 짧은 인연
못다 한 사랑에 여한을
한 움큼의 그리움으로 응어리지어
활활 타는 불꽃
혼을 가슴에 끌어안고 사그라질
보일 듯 보이지 않는
그대의 영혼 혼불로 오른다
하늘 닮은 쪽빛 허공 속으로

장독대

하루도 건너지 않고
닦고 또 닦는 어머니 손길
길이 들어 윤기 나는
옹기종기 모여 앉은
크고 작은 옹기들
평생 무서운 가난을 담아두고도
하얀 대접 정화수에
달빛 가득 찰랑대는
간절했던 바램 하나
무지개처럼 하늘 끝에 가 닿았음인가
장독대 위에 머물던 매일이
어머니 삶의 전부였다는 걸
이제야 장독대 앞에 앉아서
그리움 가득한 어머니 그림자
찾고 있다

무논 위를 날던 나비
쉴 곳 찾아 헤매다
민들레 노란 꽃잎 위에
무릎 시리도록 쪼그리고 앉아
기다리는 모습
회색빛 그리움 그대로
그림 한 폭 그린다

-「그리움 그린다」 중에서

3부

청보리밭에서

달팽이

묵정밭 머리에 내려앉은 바람
개망초 꽃잎 흔들어 대고
재 넘는 노을에 세월 가도
등에 짊어진 집채 하나
무게에 눌려 눈물 콧물 뒤 섞이어
힘들게 힘들게
곰배령 넘는 풀숲에서
외로움에 젖어 두리번두리번
언제쯤 어디에서 무거운 짐
내려놓을 수 있을까
달팽이 한숨 땅이 젖는다

청보리밭에서

아카시아 꽃 피기 시작할 때면
바람결 따라
청보리 까라기 뜨끔거리는
사잇길 걷던 걸음
보릿고개 넘으며
엄니 적삼 등에 업혀 놀던
머리 하얘진 아가는
오래 머문 기억 꽁꽁 묶어
울다가 웃다가 울면서
까라기 살 긁는 아픔 토해내며
청보리밭에 서서
질끈 감아버린 두 눈에
구슬 같은 회한이 그득하다

망둥어 생각

갯벌 가운데서 씨알 굵은 망둥어
고약스레 욕심 덧놓은 미끼에
사나운 냄새 줄줄이 꼬여 달고
공중 부양을 서두른다
입으로 들어가는 것은 모두
터진 옆구리에 꼬리를 달고
이리 흔들 저리 출렁
남이야 무어라 하던
눈 막고 코 막고 어깨동무할 수 밖에
갯벌 골마다 밀려오는 바닷물에
망둥어 생각
석양빛이 점점 멀어진다

이방인

어느 시골 오일장에서 처음 만난
낯선 사람처럼
속내를 알 수 없는 청개구리
밤새 어딘가를 쏘다니다 와서
생소한 웃음을 던지는지
한참을 마주 보고 있다가
꼭 닮아버린 한쪽
히죽이 웃으며 내뱉는 말
너는 도대체…

퀭한 눈빛이 서로를 바라보며
황당한 진실을 캐고 있다

길 위에

음산한 겨울날
건널목 바쁘게 오가는 사람들 틈에
흘러간 가요가 땅바닥을 쓸고
온몸 마디마디
타이어 조각으로 감싸고 엎디어
냉기에 얼어붙은 인정을 기다리는
아픈 인내
발등으로 긴 한숨 쏟아내던 지난날은
그래도 웃음이 헤펐는데
질긴 삶을 끊어내지 못한
만신창이의 순간들
사람들 앞에 얼굴조차 내보이지 못해
깊숙이 눌러쓴 모자
한 곳만 응시하며 합장하고 있는
길 위에 불상

가을에 온 문자

가을은
외로움 타는 노란 은행잎처럼
열병을 앓고 있는데
뜬금없이 핸드폰에 띵띵 문자가 찍혔다
가슴 미어지듯 몰려오는
수십 년 쌓인 그리움
문자가 오다니
죽음처럼 잊었던 기억 속에
어쩜
어쩜

아무 말 없이 나무 끝에 나뭇잎
뚝
바람에 밀려 쌓여 가고
마지막에 찍힌 문자는
이 가을을 가슴에 품어 주라 하고

된서리 내리던 날

어느 시점에서 시작되었는지도 모르는
삶의 길을 숨차게 헐떡이며 뛰어가던
손끝이 몹시도 시려오던 날
땅속에 칩거하던 지렁이
땅 위로 올라와 웅크리고 누워 있다
윤기 흐르는 붉은 벼슬 커다란 장닭
지렁이 보자 콕콕 쪼아대고 흔들어 댄다
결국 온몸 다 내어 주어
널브러진 육신의 흔적이 아무것도 보이지 않는다
땅속 둥지 오밀조밀 몸 비비며 꾸려가던
따뜻한 입김 거두고
싸늘한 회오리바람 휙 지나간다

실종

허공을 응시한 눈빛은
한참 멍하니 머언 길 떠나가다가
되돌아오곤 했다
어디쯤 가다가 되돌아온 것인지
그의 머릿속은 온통
바다 건너 실종된 시간
두툼한 이끼를 걸쳐 입은 세월이
가출의 늪을 방황한다

거품 문 머릿속이 윙윙 소리를 내고
절벽 아래 흐르는 물결
번득이는 물비늘이 착시였는지
그는 파도가 바다였다는 것만 기억하고
조각난 빛바랜 웃음 흘리며
그의 기억은 영영
파도 속에 밀려 사라질 뿐

그리움 그린다

햇살 듬뿍 내려앉은 하오
사금파리 몇 조각
민들레 노란 꽃잎 곱게 차려놓은
소꿉놀이 밥상
우린 깔깔거리며
나비를 따라갔지
볼그레 수줍은 뺨
까맣게 멀어진 바람결
잊을까 하다 다시 생각나
두 손끝으로 그리움 주워 담는다

무논 위를 날던 나비
쉴 곳 찾아 헤매다
민들레 노란 꽃잎 위에
무릎 시리도록 쪼그리고 앉아
기다리는 모습
회색빛 그리움 그대로
그림 한 폭 그린다

밤바다

작은 휘파람의 유혹
피가 멈추도록
온 몸으로 끌어당긴 욕망
그러나
끝내는 죽을 만큼 앓아누었다

칠흑 같은 밤바다

가슴 미어지게 자리 잡은 타인
툭툭 털어 내야만 할 때
두려움에 전율 느끼며
망설임 가득한데
너무 깊어 끌어 올리지 못한 사랑
가슴팍에 멍울로 남아
잠도 지우는 밤바다
파도 소리만 아득하다

춘란

날아갈 듯
날아갈 듯
곧게 자란 잎새 사이
단정하게 날개를 접고
부리를 내미는 새싹의 무리들

그윽한 향기 속에서
죽마고우 마주 앉아
곡차를 마시듯
곱게 차려입은 여인의 옷깃이
미풍에 흔들림인가

잎 속에 숨은 듯 피어
매무새에 반하고
향기로 기척을 하니
보일 듯 말 듯
난향에 흠뻑 젖음이야

바위

산산이 부서질 줄 알아서
메아리 우는 커다란 바위
기다란 생명을 세우고
속속들이 벙어리가 되고파
홀로 서 있다

원시대로 있어 온 퇴색한 이마는
고요히 당신을 위한 기도로
둥그러졌고
무딘 가슴에 남아있는 외로움은
입속에 맴돌아 슬픈 벙어리

꽃잎 한 장

뉘엿뉘엿 지는 해 등에 지고
폐지 더미에 옷자락만 보일락 말락
그 틈새 꽃잎 한 장 업혀 가고 있다

한창 세월 앳된 얼굴
앙가슴 품에 어린애기 어루는
웃음 번진 눈매
명지바람에도 수줍어
고개 떨구던 모란처럼
활짝 핀 꽃잎이었을 사진 한 장

바라보는 순간 왈칵 바윗덩이 굴러와
쩡하니 가슴 내리친다
어느 마지막 날에
모란잎 후드득 무너져 내리듯
삶의 흔적 다 떨구어 내고 있는

쩍쩍 갈라지고 찢어진 하루가
땀냄새 흥건히 배인 속적삼에 묻어

폐지 더미 위 꽃잎 한 장

어두룩한 땅 그림자

주워 담아 나르고 있다

이슬방울

솔잎 끝에 물방울 툭 떨어져 갈잎 위에 구르고
다시 구르고
온밤 칠흑 같은 외로움에
눈물만 떨구고 있었나 봅니다

떨어지고 싶어 떨어진 것 아니고
구르고 싶어 구른 것 아닙니다
혼자 내동댕이쳐질 때부터 혼자여서
많이도 기대고 싶고 어루만지고 싶고
열꽃도 피우고 싶었습니다

그러나 바윗덩이만 한 꿈도
그냥 날아가 터지고 마는 비눗방울쯤
바람 지나가고
구름 몰려들다 소나기 지나고
언젠가는 좋아하는 이 만나겠지
잠시 연둣빛 갈잎에 앉아 머물자 했습니다

그나 그도 마음대로 아닌
밤새 맺힌 이슬
솔잎 끝에 달린 이슬방울

느티나무

뿌리 내린 그 자리에서
몇십 년을 버티고도
투정 한번 없이
무던히 서 있는 느티나무

여름 한철 울창한 나뭇잎
시원한 그늘로
길손을 머물게 하고

가을이면
한 잎 한 잎 낙엽을 만들어
끝내 다 떨구어 낸
빈 가지의 지혜로움을 안고
의젓한 자세로 서 있는 나무

오면 가고 가면 다시 오는
길고 긴 연륜을 안고
후덕함과 풍요로움을 나누어 주는
느티나무

마음

어찌 생겨 먹은 놈이기에
아무리 찾아도 없는 걸까

그 마음이란 놈은
내 몸뚱이 속에서
한순간도 떠나지 않고
이래라저래라 휘둘러 대고 있는데

머릿속에 있는 걸까
가슴 속에 있는 걸까
아니면 창자 속에 있는 걸까
사지 육신 다 뒤지고 찾아도
손에 거머쥐지 못하고
그 형체를 모르겠네

이놈이 여직 내 몸뚱이 속에 남아
내 삶의 끝자락에 와서
마음 하나 잘 붙잡고

사람 노릇 한번 잘하자고
울며불며 매어 달리는데

언젠가 몸뚱이 소용없다 할 때 그놈은
그제야 나와 앉아
"잘 있다가 가네"
인사나 남기려나 보오

꽁꽁 매듭지어 묶은
한 짐 가득하고 싶은 말
정수리부터 철철 넘치게
발끝까지 흠뻑 젖도록 쏟아부을까
꼭 하고 싶은 말
사랑한다
사랑한다

-「하고 싶은 말」중에서

4부

신발 한 짝
흘러가고

딸에게

내 정성이 다 들어간
내 마음 전부 다 쌓인
고운 딸이
소중하게 여길 사람 따라나선다

뒷모습 바라보니
왜 그렇게 미운 생각이 들까
가슴이 쓰리고 아픈 것인지
마음이 쓰리고 아픈 것인지

딸의 자리 비어 있어서인가
모자란 후덕함을 뉘우침인가
마음 아픈 기억만 그 자리에
고스란히 남아 눈물 고이는데

어느새 어른이 되어
내 모습 닮아 가는 딸
길다고 하면 길기도 하고
짧다고 하면 짧기도 한 세월

다 지나고 나면
실 한 토막 같은 삶이 되어
눈물이 되고
그리움이 된단다

눈물 주르르

가슴으로 슬기운이 차오르면
눈물 먼저 주르르
외로우면 외롭다 말을 하지
괴로우면 괴롭다 말을 하지
서러우면 서럽다 말을 하지
명치끝에 바위만 한 돌덩이 묻어 놓고선
무엇에 쓰려고
하늘 한번 올려다보면서
목구멍으로 치받던 눈물 다 잊었다 했다
그래도 자꾸만 주르르 흐르던 눈물

삼인실 병실에서 일 인실 병실로 옮겨지고
가물가물 들숨날숨 숨 멈추어 가는데
여보게 나 알아보겠나
내 목소리 들리나
알아보기나 하고 가라고 독촉인데
눈물 한 방울 주르르
그들이 살아있음을 확인해야 할 이유가 없음에도
집요하게 요구하고 병실을 나간다

다만 들숨날숨 사이 눈물 한 방울 주르르
이루지 못한 꿈의 좌절이라는
마지막 자신에 대한 미안함인 것을

신발 한 짝 흘러가고

흐르는 물가에서 첨벙대다 넘어져
신발 한 짝 두둥실 떠내려간다
잡힐 듯 잡힐 듯 잡지 못하고
그대로 떠내려간다

절름대며 풀밭에 털썩 주저앉아
질척이는 길거리며 자갈길 마다하지 않던
그 간의 아쉬운 마음만 가늠하고 있다

남겨진 한 짝
아무 일 없다는 듯
물 위를 바라볼 뿐
산자락에 걸린 구름만 무심히
흘러가고 있다

같이한 세월

멀리서 뒷모습만 보아도
눈물이 나는 건
바라보고 선 두 눈에
긴 애잔함이 묻어나는 건
아직 못다 한 사랑이 남아서인가
하얗게 머리 위에 내려앉은
같이한 세월
손끝에 전해 오는 떨림을
말하지 않아도 눈빛으로 알 수 있는데
열정이 스치고 지나간 그리움을
그대는 회한으로 삼는가

오늘 이 한 밤을
온전히 그대 숨소리에 잡혀
명주실 한 올 한 올 풀어내어
너울거리는 영혼의 실루엣으로
남게 하리라

어머니 가신 날

봄날 포근한 햇살처럼
마냥 마냥 한없이
쏟아져 내리던 정

겁 없이
자식으로 인연 맺어
바람 부는 날
비 오는 날
궂은 날이 더 많아

맑은 날
해
바라기로 날을 접더니

몸뚱이 하나 싸안고
돌아가는 길
배웅하고 있지만
어머니 그리움 사무쳐
통곡합니다

초겨울 길목에서

산마루 걸어가는 구름
나뭇가지에 걸고
잠깐 내리는 겨울비 얼굴 타고 내려와
발걸음 재촉한다
물끄러미 바라보던 청설모
사람보다 먼저 잣나무 오르내리고
사람들 심산心算에 열두 고개 굽이굽이
빙빙 도는 재를 넘으려면
하루해가 짧기도 하거니
잰걸음 발밑에
저만치 먼저
가랑잎 쌓여 눕는다

아름다운 걸음걸음으로

귀뚤귀뚤 가을 오는 발짝 소리
산마다 불꽃 쓸어내리는 바람
옷섶 찾아드는 이맘때
그대 손잡던 날 어언 육십 년
더러는 잘난 체하다가
때로는 머저리 같기도 하다가
아쉬움만 남아 있어
그리운 회억으로만 쌓이고
아직 사랑한단 말 못 했으므로
살짝 귀엣말이라도 나누며
가을볕 한입 크게 베어 물고
꽃보다 더 고운 단풍으로
남은 길 먼저도 말고 나중도 아닌
아름다운 걸음걸음으로
곱게 곱게 물들어 가자구요

마음자리

쌔빨간 빛이라기에
뜨겁도록 손 닿을 수없는
지독한 열정이라 믿었는데
내 마음엔 순정이 살더군요.

하나의 별이라기에
슬픈 외로움 지녔으리라고
생각으로 믿었는데
내 마음엔 온정이 살더군요.

무서운 광풍이 일어 온다기에
긴 방랑을 생각하고
거친 광야를 헤맸지만
내 마음엔 순진이 살더군요

따뜻한 생활이라기에
퍽 화려하리라고
눈부시도록 행복을 뇌었지만
내 마음엔 행복이 살더군요

봉선화

엷은 입술에 입 맞추며
날아 버린 임이시기에
갈대숲에 숨겨두신 보배로운
이슬들에게
붉은 물 들였습니다

꽃나래 날리며 펼치며
자색빛 허리 잡고
맴돌다 돌다
버선 한 짝 흘리셨습니다

초승달 질 무렵
빠알간 잎 펴는 임이시기에
기다리던 새벽은
임에게서 늙었습니다

밤하늘 달무리 앞세운 채
임은 혼자 우시며
초저녁 모신 정분 꽃 한 송이

임을 모신 봉선화

날던 새 깃털이 빠지고
춤추던 선녀 날개옷 잃어
임의 둘레 방황할 때
빨간 미소를 허리춤에 감추고
눈길이 하늘을 향했습니다

쇠똥구리

어둠이 내리는 언덕배기 풀숲에
쇠똥구리 한 마리
제 몸에 서너 배 넘는 쇠똥을 둥글게 말아
있는 힘 다해 뒷발로 밀며 올라간다

연탄 가득 실은 리어카 밀고 가는 아버지처럼
땀이 흐른다

어디쯤 가고 있을까
한참만에 십 미터는 더 올라간 언덕에서
아직도 쇠똥 구슬 굴리며 올라가는
쇠똥구리

꿈

꿈이라도 꾸자고
신발을 잃은 채 진흙 발로
미친 사람처럼
여기저기 기웃거리며
뛰어다녔다

감미로운 선율이
온통 객석을 메워 버린 공연장
무대 화려한 조명
지그시 눈 감고 미소 가득한 얼굴로
첼로를 연주하는
연주자

두 팔 없이 어깨 위에 걸친 윗저고리 아래
두 발로
이처럼 아름다운 선율에
푹 빠지게 하다니
꿈인가?

이산離散의 통곡

먹구름 속 우뢰가 울던 날
무서운 포화가 여기저기 난무하고
영혼이 빠져나간 엄마 품에
어린아이가 통곡 한다

아무런 힘이 없다
천지신명께 빌고 또 빌어
탈출의 힘을 얻어 줄행랑을 쳤다
세상에 태어난 목숨은
오직 문중에 대를 잇기 위해
꼭 살아남아야 한다는 사명감 하나

세월이 강물이 되었다
흐르는 강물 따라 바다로 간 늙은 몸은
이제 겨우 피붙이를 만나
얼굴 한번 보고 죽는다고
목청을 돋운다
끌어안고 통곡한다

하고 싶은 말

차마 입이 떼어지지 않아
입 다물고
멋쩍은 미소로 대신하던 말
그대 가슴에 가득 부어 버릴까

꽁꽁 매듭지어 묶은
한 짐 가득하고 싶은 말
정수리부터 철철 넘치게
발끝까지 흠뻑 젖도록 쏟아부을까
꼭 하고 싶은 말
사랑한다
사랑한다

징검다리

작은 마을에
앵두 빛 노을이 가득한 때면
나는 여울 길을 지나
졸졸거리는 시냇물에
징검다리를 놓기 시작합니다

내 꿈을 안고 오는 이 기다리는
징검다리를
나는 하얗고 예쁜 돌멩이만을 골라
물 위에 놓고
흔들릴까 두려워
가만히 발을 놓아 봅니다

이렇게
그대 향하여
마냥 아름다운 노래랑 꿈이랑 엮으며
징검다리를 놓아 갑니다

커피 한 잔

가을이 붉게 내려앉은 저녁
밀물처럼 밀려드는 사념
옷자락 스친 짧은 인연이었나
커피 한 잔의 향기

주고받는 말 없이
앞에 놓인 커피잔만 한참을 바라보다
고개 들어 눈 마주치고 서로 미소 지었다
사랑이었다

세월 지나 백발 되었어도
커피 한 잔 속에 녹아든 사랑을
지금도
창가에 앉아 마시고 있다

해장국 집

해 뜰 때 잠자러 들어가고
해지면 일어나 나오는
허기진 삶
그가 산다는 골목 어귀에 커다란 입간판이
하나 서 있다
선지해장국 집

작은 바램마저 처절하게 무너지고
구걸하다시피 한 일자리
몇 푼의 지전을 손에 움켜쥐고
술 한잔 걸치면 온 땅바닥을 쓸고
머릿속이 텅 비도록 두들겨대도
사람이라는 행색으로
해장국 집을 찾아간다

선지와 내장이 어우러져 푸짐한
해장국 한 그릇 앞에 놓고

왁자한 정치며 경제가

그의 청와대이자 국회이고

한껏 큰소리치는 해장국 집

바람결에 주춤거리며
그대 그리움 흘러넘치는데
기다림이 너무 멀어 차마 시들지 못하고
지쳐만 가는 꽃잎
발부리 곁에 툭툭 내려앉아
붉게 붉게 울음 운다

-「동백꽃」중에서

5부

돌아가는 길

살아 있다는

절개한 틈새의 고통은 저만치 물러나 있고
철삿줄 한 가닥 심장을 향해
슬슬 밀려들어 간다
살아야 한다 두 눈 크게 뜨고
이 순간 버티자는 일념뿐

삭삭 동맥을 따라 캄캄한 터널을 기어가는 맥박
죽을 것만 같은 숨이 끝내는 턱까지 차오른다
어느새 죽음 앞에 순간의 욕심도
순연의 빛으로 내려놓고
고요 속으로 빠져든다

어둠 속에서 한참을 헤매다 번쩍 환한 빛을 보는 순간
막혔던 봇물 터지듯 붉은 피골을 이루며
왈칵 눈물이 솟는다
살아 있다
살아 있다는 환희
자신의 재탄생을 본다

낙조 落照

화려한 연출

한 움큼의 모래알은 손가락 사이를
다 빠져나가고
고뇌의 목덜미를 감싸안는다

깊은 수렁으로 빠져드는 그림자
뻘배에 웅크리고 앉아 한발로 뻘을 밀며
꼬막 잡는 여인

솟구치는 살갗으로 바람이 소용돌이치고
수면 속으로 가라앉을 때까지
붉게 물든 서녘 하늘
바라보는 눈빛은
가만가만 멀어지는 연민이었다

오 오라

환한 달빛 그림자 뜨면
격자무늬 창호지
침 발라 구멍 내고
살그머니 밀어 넣는 편지 끝말

오 오라 연애하자네
영락없는 바람이구나

해무 海霧

이른 새벽
너울너울
장삼 자락 휘휘 몰아쳐
안개가 피어오른다

낮에는
파도가 밀려들어
물비늘이 덮이고
바람에 흩어지더니

해무가 머물던 마음 자락
조각배도 조금은
위로가 되었을까

아침 햇살
분만하려는 해무

돌아가는 길

지나가 버린 날들이
한눈에 돌아와 앉아
열 폭 치마폭이 좁아라.
바람이 일고

저승길 찬 서리 바람 안고
멀리 가는 길손
여섯 자 목관에 누워
잠자는 듯 눈 감고
강물 건넌다

소나무 한 그루 심고

휘적휘적 바짓가랑이 적시며
문수봉 넘는다
구름 걸린 바위산 오르기는 하였으나
겁에 질려 오도 가도 못하는
벼랑 끝

중턱에 매어 달리듯
굵지도 않은 한 그루 소나무
바위 틈새 단단히 뿌리박고 누어
피멍 든 속살 다 찢어지고
굳은살 못이 되어도
온몸 다 내 주어
한 사람씩 한 사람씩
발판 되어 넘게 하니

문수봉 넘는 이 마다
가슴속에
소나무 한 그루 심고
벼랑을 넘는다

마음앓이

해질녘 산 능선에
곱게 퍼진 붉은 노을빛
꼭 그대 뒷모습 같아
애잔한 그대 그림자 따라가는
허허로운 마음
아주 오래 전이었는데
방금인 것 같은 착각으로
마음 저며 오는 애틋한 정
살아오는 동안 어느 한 누구를
마음속에 가두었다는 것
혼자가 아니라고
하지만 혼자인 것을 알아차렸을 때
지금 이렇게 감당할 수 없는 일이
마음속에서 일어나고 있어
어찌하지
조용히 일어나는 바람도
폭포수 같은 눈물로 맞이하는
무시로 튀어나오는 그리움
어머니

모자이크

구기동 언덕배기 토종으로 뿌리내려
굵은 허리 드러내 놓고
큰 소리로 웃어젖히던 능금나무
이제는 더 이상 그 자리에 머물 수 없어
시간도 쪼개고 세고 붙이고 색칠하고
오늘은 팔을 하나 뚝 떼어내고 다음 날
닮은 새끼 하나 꿰어 붙이며
조각난 몸통을 만들어 낸다
그리고는 마음 한 조각 찢어 닮은꼴에 넣어 맞춘다
틈새 벌어지고 일그러진 모자이크
접목되어 닮아가는 살붙이 바라보며
사납게 쏟아붓는 비바람도 잘도 버티어 내더니
툭툭 터진 줄금 틈새로 바람이 지나고
흥건하게 흘린 땀방울
끝내는 밑동부터 석화되어 피고 있다

자루

가득 담았다 쏟고 담았다 쏟고
좋은 것 나쁜 것 가리지 않고
삼백육십오일 담았다 쏟는 일
담아도 담아도 흘러넘치는 일 없고
쏟아도 쏟아도 끝도 없이 쏟아져 내리는
커다란 자루
눈물 담던 날은 한껏 주저앉아
폭삭하니 젖어 들고
햇볕 한 줌 섞여 들면
서걱서걱 비벼대기 좋았는데
지금은 쏟아내기만 하는 구멍 난 자루
형색이 말이 아니게 구박데기로
토방 아래 꾸벅꾸벅 졸고 있다

새벽 여섯 시

아직 사방이 어둑한데
하나둘 남루한 마음
똑같은 바람 하나씩 짊어지고
광장 인력시장으로 모여든다
시간이 갈수록 초조한 마음
말없이 서로 눈빛만
어색하게 주고받으며 서성인다

한 가닥 불빛이 미끄러져 다가오면
치열한 선택의 순간
축 처져있던 두 어깨에 힘이 실리고
눈에서 불꽃이 튄다

알 듯 모를 애매한 쓴웃음이 지나고
한켠으로 밀려나는 하루가
낭떠러지 아래로 굴러떨어지는 절망
눈물보다 진한 푸념 소리가 뒤섞이는
처절한 새벽 여섯 시

서리

머리 하얀 할머니
구부정한 어깨 문설주에 기대앉아
아침에 출타한 머리 하얀 할아버지 기다리고 있다
젊어서도 애타게 기다리게 하더니
지금도 기다리게 하고 있다
할머니 까만 속
하얗게 서리 내릴 때 쯤
멀리 발자국 소리 들린다
이왕이면 마음도 같이 오면 좋으련만
빈 모습만 휘청휘청 오고 있다

12월

그간의 두께를 벗어 던지고
며칠만 더 숨을 쉬면
한해를 넘긴다
두툼한 날들이 마주 앉아
웃음이다가 울음이다가
줄줄이 땅바닥을 훑고 지나가는 햇볕도
등에 덤으로 짊어지고
동지섣달 한걸음에 뛰어 달린다
찌억 찌억 갈라진 빙판 위
쌩하니 지나는 소리
영겁을 넘어 드는 한 찰나

동백꽃

긴 겨울 꼭꼭 감춘 얼굴
기다리다 살포시 열어 보이니
연지 곤지 붉은 입술
살짝 입맞춤해 볼까?

바람결에 주춤거리며
그대 그리움 흘러넘치는데
기다림이 너무 멀어 차마 시들지 못하고
지쳐만 가는 꽃잎
발부리 곁에 툭툭 내려앉아
붉게 붉게 울음 운다

박꽃

어둑어둑 어둠이 덮이는 어스름 녘
하얀 치마폭 펼치며
커다란 눈망울에
눈 시린 달빛 담아
빙글빙글 눈부신 군무
춤사위 현란하다
눈앞에 아른거리는 기다림에 환희인가
동글동글 달덩이 닮은
수백 개 우주를 태중에 품고
지독한 외로움도 사랑하므로
한밤중 하얀 박꽃
아름다운 인연
꽁꽁 엮는다

몰랐어라

그때는
정말 아무것도 몰랐어라

한 아름 청솔
아궁이 깊숙이 밀어 넣고
불을 지피면
골 깊이 빨려 들어가는
찬란한 불꽃
반짝이는 별빛이 뛰어가는 소리
제 몸 태우며 내뿜는 향기
이제야 그 화려한 꿈이
활활 타고 있음을
활활 타고 있음을

고로쇠나무

얼음 녹인 실바람
낭창낭창 가지 끝에 찾아들면
옹골지게 물길 끌어 올리는
그니
아주 작은 욕심 하나를
하늘 내려앉은 먼 지평선 너머
꿈길에 포옥 묻어 두고는
아무렇지도 않은 척
웃음 흘리며
지그시 눈 감고 바라보기만 하는
가슴 아픈 검은 흔적들
피를 토하며 인내하던
속살 패인 언저리가
아직도 아물지 못한 채
링거 줄에 핏물 내리며
하염없이 버티고 서 있는
그니

양숙영 시의 질감은 오래 숙성되어진 묵은지의 달착지근한 향기의 기품을 내재하고 있다. 성숙한 사람의 묵직한 인품과 사려 깊은 배려로 응축 되어진 삶의 이야기를 조곤조곤 기술하는 문장들이 섬세하게 펼쳐진다.

- 「작품해설」 중에서

작품해설

꽃이 지고 꽃이 피는
삶의 그늘에서

| 작품해설 |

꽃이 지고 꽃이 피는
삶의 그늘에서

지연희 (시인, 前한국여성문학인회 이사장)

양숙영 시의 질감은 오래 숙성되어진 묵은지의 달착지근한 향기의 기품을 내재하고 있다. 성숙한 사람의 묵직한 인품과 사려 깊은 배려로 응축 되어진 삶의 이야기를 조곤조곤 기술하는 문장들이 섬세하게 펼쳐진다. 늦깎이 시인으로 등단하였지만, 근 이십 년이 가까운 시간을 시인은 순도 깊은 관점으로 성실하게 활동하였다. 팔십 중반의 나이에도 불문하고 시 문학의 필력을 쌓아 왔던 문학 정신은 젊은 후배 문인들의 귀감이 되리라는 생각을 하곤 한다. 안타까운 일은 視力이 점점 쇠약하여 양숙영 시인은 이제 글쓰기가 수월하지 않다는 일이다. 시를 쓰거나 글을 읽는 일이 자력으로는 수행할 수 없다고 한다. 해설을 감당하면서도 슬프기 짝이 없다. 어떻게든 한자 한자라도 써낼 수 있는 기적이 찾아왔으면 기대하고 있다.

타다 남은 모닥불
사위어 가는데
지나가는 구름인 양
소리 없이
틈새 뚫고

가슴팍에 꽂힌 가시 바늘
아린 가슴 부비며

잊으려 잊으려 애쓰지만
머언 발치에
그림자 지나는 바람
숨어서 바라보는 달무리
      - 시 「달무리」 전문

벌컥벌컥
마시는 물의 양만큼
갈증의 정도

여운을 잃어버린
동침의 갈증

반짝이는 별빛과
책상 앞에 마주 앉아
긴 밤을 지새우는 까닭입니다
      - 시 「갈증」 전문

| 작품해설 |

　'타다 남은 모닥불/ 사위어 가는데'로 시작된 시 「달무리」는 불꽃의 소멸을 예감하는 두려움을 아픔으로 제시하고 있다. 가슴에 꽂힌 가시 바늘 아린 가슴에 부비는 안타까움이 폭풍의 날처럼 출렁인다. 소리 없는 침묵의 발치에서 쓰러지는 여린 생명을 일으켜 세우려는 어미 새의 조바심이 아프다. 이 전경을 숨어서 바라보는 먼발치 달무리의 그림자는 완고한 위로자의 몸짓이다. 최선의 치유를 향한 혼신의 빛으로 조명되고 있다. 생명을 생산하고 생명을 키우는 어미의 가슴 속에는 늘 검은 숯에 그을린 상처로 가득하여 아픔을 지우지 못한다.

　시 「갈증」은 '벌컥벌컥/ 마시는 물의 양만큼/ 갈증의 정도'를 재단하는 시인의 메마른 갈망이다. 긴 밤을 지새우는 채워지지 않는 언어의 조바심이다. 책상 앞 잡히지 않는 시어의 갈급한 갈증이 엿보인다. 다만 '여운을 잃어버린/ 동침의 갈증'으로 제시된 언어의 통찰은 '여운을 잃어버린' 사랑하는 이에 대한 고뇌를 비유적 감성의 크기로 제시하고 있다. 써지지 않는 언어는 억겁의 시간이 흘러도 수용되지 않을 것 같은 갈증이며 지울 수 없는 사랑의 그리움으로 긴 밤을 지새우고 있다.

댓잎 사이 거니는 소소한 바람
미풍도 아닌 것이 햇살 실어 나르고
코끝 스치는 결 고운 향기
지나간 인연 그리움인데
이를 어쩌나 구멍 난 마음
잊으라 잊으라 최면을 걸어도
텅 빈 가슴은
하늘 향해 치솟은 대나무를 닮아
까맣게 지우려니 두렵고 낯설고
그렁그렁 댓잎 끝에 이슬 같은 연민으로
눈시울 붉어지는 부끄러운
고백

　　　　　　　　 - 시「대숲에서」전문

몇 마디 말이었다
아프다
견디기 힘들 만큼 아니 죽을 수도 있을 만큼
무지막지한 아픔은
상처가 되고 딱지가 되어 응어리로 눕는다
얼마 동안 한참을 속으로 아파하던 딱지는
고스란히 흉터로 남아
오래도록 아픈 기억에 갇혀
불면의 밤 깊숙이 자리를 잡고
그 흉터 위로 다시 핏물이 흐른다
아파하지 말자 하고
잊어도 괜찮을 시간 속으로

| 작품해설 |

> 최면을 걸어 보건만
> 시간이 갈수록 세월이 흐를수록
> 더 선명해지는 아픔이다
>   - 시 「상처」 전문

 대나무의 습성은 쉬이 타지도, 쉬이 굽히지도 않는다는 식물이다. 옛 선비의 기품을 상징하는 대나무의 꼿꼿한 정신은 올곧은 삶으로 귀감을 삼고 있다. 지나간 시간의 결 고운 향기로 그리움을 짓는 시 「대숲에서」는 오랜 시간이 지나도 지워지지 않는 인연의 마음 한쪽을 소환하고 있다. 아무리 잊으려 해도 구멍 난 가슴을 매울 수 없는 안타까움의 아픔이다. 하늘 높이 한 마디 한 마디 그리움을 쌓아 올려놓고 비로소 부끄러운 고백을 풀어놓는 용기를 보여준다. 하늘을 행해 치솟는 대나무의 고집처럼 잊혀 지지 않는 사연의 고백이다. '하늘 향해 치솟는 대나무를 닮아/ 까맣게 지우려니 두렵고 낯설고/ 그렁그렁 댓잎 끝에 이슬 같은 연민/ 눈시울이 붉어지는 부끄러운/ 고백'을 풀어 놓았다.

 시 「상처」의 메시지는 '몇 마디 말이었다'는 말다툼의 시작으로부터 견디기 힘들 만큼, 죽을 수도 있을 만큼 상처를 받게 되던 불협화음의 기억을 지우지 못하고 있다. 격렬한 아픔으로 제시되는 상황으로 보아 쉽게 잊혀 지지 않는 기억이었을 것이다. 소통이 불가능한 너와 나는 아프다. 몇 마디 말이었을 뿐이지만 견디기 힘들 만큼의 아픔을 삼키고 있다. '상처가 되고 딱지가 되어 응어리로 눕는다// 오래도록 아픈 기억에 갇혀/ 불면의 밤 깊숙이 자리를 잡고/ 그 흉터 위로 다시 핏물이 흐르'는 안타까움의 연속이었다.

시간이 갈수록 세월이 흐를수록 더 선명해지는 흉터로 남은 자리에 핏물이 흐르는 아픔이라고 한다. 말 한마디로 천 냥 빚을 갚는다는 옛말도 있지만 상처로 불면의 밤을 지새워야 할 만큼의 아픔도 있다. 받은 상처가 매우 아프겠다는 생각이다. 그러나 가슴을 열고 잊는 방법이 나를 위한 방편이라 생각한다.

> 호탕하게 웃음이 헤프던 날도
> 하늘이 내려앉듯 절망이 밀려온 날도
> 망설임이 크던 마음
> 모두 다 털어버린 용기를 앞세워
> 굽은 숲길 따라 오르고 오른다
> 어느 양지 녘 만날 때까지
> 어느 것 하나도 소용없다는
> 마음 하나 꽉 잡아매고
> 얼마쯤 따라 오르는 낯선 길
> 안개 피어 잘 보이지 않는 일주문 앞에
> 멈추어 버린 마음은
> 어디에 있는지 온데간데없고
> 그림자이듯 육신 떠난 옷자락만

| 작품 해설 |

그 흔적을 더듬어 찾고 있을 뿐
　　　　　　　　－시「흔적」전문

하루도 건너지 않고
닦고 또 닦는 어머니 손길
길이 들어 윤기 나는
옹기종기 모여 앉은
크고 작은 옹기들
평생 무서운 가난을 담아두고도
하얀 대접 정화수에
달빛 가득 찰랑대는
간절했던 바램 하나
무지개처럼 하늘 끝에 가 닿았음인가
장독대 위에 머물던 매일이
어머니 삶의 전부였다는 걸
이제야 장독대 앞에 앉아서
그리움 가득한 어머니 그림자
찾고 있다
　　　　　　　　－시「장독대」전문

'호탕하게 웃음이 헤프던 날도/ 하늘이 내려앉듯 절망이 밀려온 날도/ 망설임이 크던 마음/ 모두 다 털어버린 용기를 앞세워/ 굽은 숲길 따라 오르고 오른'다는 시「흔적」은 삶의 고뇌를 받아들이며 내일을 향한 희망의 발걸음을 재촉하는 몸짓을 보여준다. 제 아무리 힘겨워도 '어느 양지 녘 만날 때까지' 마음을 다잡고 있다. 어느 것 그 무엇도 소용없다는 일념으로 시인은 숲길을 따라나선다. 그러나 '얼마쯤 따라 오르는 낯선 길/ 안개 피어 잘 보이지 않는 일주문 앞에/ 멈추어 버린 마음은' 다잡던 숲길을 놓아버리는 흔적조차 내려놓게 된다. '어디에 있는지 온데간데없고/ 그림자이듯 육신 떠난 옷자락만/ 그 흔적을 더듬어 찾고 있을 뿐'이다. 무아의 경지에 서성이는 중생의 고뇌가 '어느 양지 녘'에 이르는 만남일 것이다.

시 「장독대」를 그린다. 하루도 거르지 않고 어머니는 장독을 닦았다. 길이 들어 윤기 나는 옹기종기 모여 앉은 옹기들을 닦고 또 닦던 어머니가 그립다. '평생 무서운 가난을 담아두고도/ 하얀 대접 정화수에/ 달빛 가득 찰랑대는/ 간절했던 바램 하나'는 가족들 무탈하기를 염원하신 것이다. 그 정성 하늘 끝에 닿았을까 '장독대 위에 머물던 매일이/ 어머니 삶의 전부였다는 걸/ 이제야 장독대 앞에 앉아서/ 그리움 가득한 어머니 그림자/ 찾고 있'다. 우리의 모든 어머니는 당신의 안위를 생각하기보다 자식의 안위를 위하여 희생하시는 존재인 양 매사에 짐을 지고 있다. 아파도 아프지 않은 순정의 헌신을 앞세운다. 시 「장독대」의 어머니가 그런 분이었다. 미처 가늠하지 못한 자식들의 후회마저 감당하시며 토닥이신다.

| 작 품 해 설 |

묵정밭 머리에 내려앉은 바람
개망초 꽃잎 흔들어 대고
재 넘는 노을에 세월 가도
등에 짊어진 집채 하나
무게에 눌려 눈물 콧물 뒤 섞이어
힘들게 힘들게
곰배령 넘는 풀숲에서
외로움에 젖어 두리번두리번
언제쯤 어디에서 무거운 짐
내려놓을 수 있을까
달팽이 한숨 땅이 젖는다
　　　　　　　　　　－시「달팽이」전문

어느 시점에서 시작되었는지도 모르는
삶의 길을 숨차게 헐떡이며 뛰어가던
손끝이 몹시도 시려오던 날
땅속에 칩거하던 지렁이
땅위로 올라와 웅크리고 누워 있다
윤기 흐르는 붉은 벼슬 커다란 장닭
지렁이 보자 콕콕 쪼아대고 흔들어 댄다
결국 온몸 다 내어 주어
널브러진 육신의 흔적이 아무것도 보이지 않는다
땅속 둥지 오밀조밀 몸 비비며 꾸려가던
따뜻한 입김 거두고
싸늘한 회오리바람 휙 지나간다
　　　　　　　　　－시「된서리 내리던 날」전문

등에 짊어진 집채 하나의 무게에 눌린 달팽이의 고단한 삶의 과정을 조망하고 있다. 묵정밭 머리에 내려앉은 바람이 개망초 꽃잎 흔들어 대고 재 넘는 노을에 세월 가도 등에 짊어진 무게에 눌려 눈물 콧물 뒤 섞이는 힘겨운 행보이다. 삶의 누더기에 지친 한 사람의 운명처럼 달팽이는 '힘들게 힘들게' 곰배령을 넘는 외로움에 젖어 두리번거리고 있다. 극명하게 피할 수 없는 이 절대 한의 등에 물린 집채 하나의 무게는 죽음을 동반할 만큼의 필연의 고난이기도 하다. 생존을 통과하는 모든 생명체의 질곡의 무게는 하늘이 배분하는 질서일 것이다. '언제쯤 어디에서 무거운 짐/ 내려놓을 수 있을까' 안타까움으로 관조하는 달팽이의 한숨을 시인은 슬픔으로 바라보고 있다.

'어느 시점에서 시작되었는지도 모르는/ 삶의 길을 숨차게 헐떡이며 뛰어가던/ 손끝이 몹시도 시려오던 날'의 연체동물 하나의 출몰이 생사의 선을 그어놓고 있다. 땅속에 칩거하던 지렁이 한 마리가 땅 위로 올라와 웅크리고 누워 있는 것이다. 그즈음 '윤기 흐르는 붉은 벼슬 커다란 장닭/ 지렁이 보자 콕콕 쪼아대고 흔들어 댄다/ 결국 온몸 다 내어주어/ 널브러진 육신의 흔적이 아무것도 보이지 않는다' 무슨 까닭에 지렁이는 저 땅속 깊이에서 땅 위로 올라온 것일까? 어지러운 지상의 혼돈이 궁금한 것은 아니었을까. 호기

| 작품해설 |

심 많은 생명 하나가 테러를 당하고 말았다. 땅속 둥지 오밀조밀 몸 비비며 꾸려가던 따뜻한 입김이 목숨을 거두었다.

>산마루 걸어가는 구름
>나뭇가지에 걸고
>잠깐 내리는 겨울비 얼굴 타고 내려와
>발걸음 재촉한다
>물끄러미 바라보던 청솔모
>사람보다 먼저 잣나무 오르내리고
>사람들 심산心算에 열두 고개 굽이굽이
>빙빙 도는 재를 넘으려면
>하루해가 짧기도 하거니
>잰걸음 발밑에
>저만치 먼저
>가랑잎 쌓여 눕는다
>
>– 시「초겨울 길목에서」전문

머리 하얀 할머니
구부정한 어깨 문설주에 기대앉아
아침에 출타한 머리 하얀 할아버지 기다리고 있다
젊어서도 애타게 기다리게 하더니
지금도 기다리게 하고 있다
할머니 까만 속
하얗게 서리 내릴 때 쯤
멀리 발자국 소리 들린다

이왕이면 마음도 같이 오면 좋으련만
빈 모습만 휘청휘청 오고 있다
— 시 「서리」 전문

'산마루 걸어가는 구름/ 나뭇가지에 걸고/ 잠깐 내리는 겨울비 얼굴 타고 내려와/ 발걸음 재촉한다/ 물끄러미 바라보던 청설모/ 사람보다 먼저 잣나무 오르내리'는 정경이 분주하다. 산마루 걸어와 나뭇가지에 구름을 걸어 놓고 잠깐 내리는 겨울비도 발걸음을 재촉하는 그림을 그리고 있다. 이 구름과 나뭇가지 겨울비가 묘사하는 모양을 물끄러미 바라보던 청설모는 사람보다 먼저 잣나무에 오르내린다는 것이다. 사람들 마음속 궁리나 어떤 계획들이 열두 고개 재를 넘으려면 하루해는 짧아 저만치 먼저 잰걸음을 걸어야 한다는 청설모의 교훈을 시 「초겨울 길목에서」는 명료하게 제시하고 있다.

시 「서리」는 외출한 할아버지를 기다리는 할머니의 조바심이다. 할머니도 할아버지도 서리 내린 하얀 머리로 출타하고 기다린다. '구부정한 어깨 문설주에 기대앉아/ 아침에 출타한 머리 하얀 할아버지 기다리고 있다/ 젊어서도 애타게 기다리게 하더니/ 지금도 기다리게 하고 있'다는 것이다. 할머니의 까맣게 타들어 가는 기다림의 속내는 아랑곳하지 않고 할아버지는 아직도 보이지 않는다. 멀리 발자국

| 작 품 해 설 |

소리 들리게 되면 서리 내린 하얀 할아버지의 머리가 먼저 걸어오고 있다. '이왕이면 마음도 같이 오면 좋으련만/ 빈 모습만 휘청휘청 오고 있'다는 하얀 머리 할머니 염려의 투정이 정겹다.

그리움의 크기

RAINBOW | 120

그리움의 크기

양숙영 시집